木花咲耶子の運命学

あなたらしく…わたしらしく…

<個性編>

木花咲耶子

今日の話題社

はじめに

誰もが一生懸命に生きる中で
時々自分の事がわからなくなることがあります

あなたはどんな人ですか…

誰もが自分が普通で
自分の考えが正しいと思って生きています
人それぞれに　自分の考え方の基準となるもの…
自分のものさしを持っています

それぞれの人が　それぞれのものさしを使って考え　生きています

あなたのものさしはどのようなものでしょうか…

私達は　生まれた時から自分の特徴を持っています
それはその人の個性です
あなたにはあなたの個性があり
わたしにはわたしの個性があります
個性はその人の持ちものです
自分の持ちものは活かすことが大切です

自分の個性を活かすためには
『自分という人』の個性を知り
自分の力で行動していくことが大切です
この本で　自分のことを知ってください
そして　あなたという人を活かしてください

さあ
あなたらしく…
わたしらしく…

木花咲耶子の運命学　あなたらしく…わたしらしく…　目次

はじめに　3
運命学って何？　8
運命学から何がわかるの？　14
木花先生のつれづれ話［いち］　17
あなたの個性を表す『箱』　18
あなたの個性を表す『色』　20
木花先生のつれづれ話［に］　23
あなたの個性を表す『数』　24
『持っているもの』と『持っていないもの』　26
あなたの個性を表す『中心星』　28
おさらい　と　まとめ　30

個性を表す十種類の星　32
白やじるし　33
黒やじるし　37
白はーと　41
黒はーと　45
白しかく　49
黒しかく　53
白ぼし　57
黒ぼし　61
白まる　65
黒まる　69
木花先生のつれづれ話［さん］　73
運命学って面白い　74
おわりに　78

運命学って何？

しょんぼりん
遊びに来たよん
ハッピーな
よつ葉の妖精
『はぴよん』

どよーーん

ど…
どうしたん
だよん？
うじうじ
泣き虫妖精
『しょんぼりん』
わたし
もう
ダメ～

何が
あったん
だよん？
8時!!
寝すごし
電柱に
ぶつかり
サイフを
落とし
上司にしかられ
カゲで笑われ
きいてーっ

わたしきっと
生まれた時から
不幸の星の元に
生まれちゃったのよ！
良いところなんて
ひとつもないのっ
じゃなきゃ
わたしだけ
こんな嫌な事ばかり
起こるわけないわっ！
そんなこと
ないよん
しょんぼりん
にもいいところ
沢山あるよん
ないもんっ
わたし
ダメな子だし
わたしなんて
キライ

しょんぼりん…
どうしよう
オロ
オロ
そうだ！
そんな時には
運命学を使って
みるよん
運命学？

それって
占い？
そうだよん
ムリっ

占いなんて
こわいもの
ムリっ
こわいこと
言われて
ダメ出しされて
外に出るのも
怖くなって
一生引きこもって
生きていかなきゃ
いけなくなっちゃう！

そんなこと
ないよん
キリッ
木花運命学は
『自分の人生は
自分の力で作って
いくこと』が
前提なんだよん
そのために
自分を活かす
方法を教えて
くれるもの
なんだよん

しょんぼりんの
持っている良い点
持っていない欠点
それを知って
人とは違う
しょんぼりんの
幸せを見つける
ヒントにすると
いいんだよん
そうすれば
きっと自分が
好きになるよん
ーそうかな
そうなったら
うれしいな
それじゃ
その方法を
聞きに
行くよん

運命学って何？

占いというものには　いろいろな占い方があります
同じ種類の占いの方法を使う場合でも
占う人の考え方・伝え方によって
それぞれに大きな違いが生まれます

私が「運命学」と表現するものは
古代の人から伝えられ
当たる確率を高めてきた統計学
＝

四柱推命学（生年月日を使う占い）を
現代・今の時代に合わせて活用できるようにまとめ上げた
「木花運命学」のことです

「木花運命学」は
その人の生年月日から導きだされる星
（その人の生まれ持ったもの）を記号で表すことにより
四柱推命学本来の難しい用語等を
見やすく・わかりやすくしているのが特徴です

運命学から何がわかるの？

運命学では次の事がわかります

一つは**生まれ持って変わらない個性＝その人の特徴**

その人がどのような性質を持っているのか…

どんなことを優先するタイプか…

得意なことと苦手なこと…

対人関係に対する考え方

お金に対する考え方

などがわかります

もう一つは**その時々によって変わっていく運気＝運ばれてくる気**（エネルギー）

運気には大きいものと小さいものがあります
大きいものは十年ごとに変わる大きな運気の流れ（大運）
小さいものは一年ごとに変わる　年運
一か月ごとに変わる　月運　などです

また別のサイクルを持つものとして
動の運気と静の運気があります
これは十年の動の運気と二年の静の運気です
それぞれの運気によってどのような影響があるかがわかります

また　**重要なもの**として
対人関係があります

これは生年月日からお互いの星を探し
お互いの関係性・より良いかかわり方を導き出すものです

運命学は　その人の個性の特徴　運気　対人関係　を総合的に鑑定し

その人らしく
その時の運気に添って進むための**ヒントを提案**するものです

木花先生のつれづれ話　うれしいこと いち

私が占いと巡り合い関わり合い
約三十年になります
今まで約二万五千人の方々の運命鑑定をさせて
頂いてきました
その中で私がうれしいことは
「当たってる！」と言ってもらえること
そして現在では
ご縁をいただく　ほとんどの方に
「当たってます！」と言って
もらえるようになりました

とてもうれしいです
大きな喜びです

だから　だから
この本を書こうと思いました…

あなたの個性を表す『箱』

あなたの個性を鑑る方法は
あなたの生年月日から　**五つの箱**を作ります
箱の数が少ない人はありません　箱の数が多い人もありません
誰もが平等に五つの箱を持っています

この**五つの箱**に　**あなたの星（生まれ持ったもの）が入っています**
空になっている箱はありません
全ての箱にあなたに選ばれた星が入っています
それぞれの人に　それぞれ違った星が入っています

一人に五つ

あなたの個性を表す『色』

あなたの個性を表す五つの箱
その箱の中に入る　**あなたの個性を示す五つの星には　色があります**
色は二種類　『白』と『黒』です

白のグループには　⇦♡□☆○　の五つが入っています

黒のグループには　⬅♥■★●　の五つが入っています

白グループの特徴は…	黒グループの特徴は…
✦単純	✦複雑
✦ストレート	✦カーブ
✦わかりやすい	✦わかりにくい
✦まっすぐな考えを持つ	✦奥深い考えを持つ

白グループの星を活かすには

自分の個性をありのまま表に出していくことが合っています

黒グループの星を活かすには

自分の個性を多面的に変化させていくことが合っています

どちらの色が良いとか
どちらの色が悪いとかいう事はありません

それぞれの人に
それぞれの個性としての
色があります

それぞれの個性に
それぞれの色に合った進み方
自分らしい生き方があります

木花先生のつれづれ話　うれしいことに

長年　私が共に歩んできた運命学
ご相談いただく方々
学んでいただく方々
さまざまな方に対して
「もっと　わかってもらえるためには
どうしたらよいのか？？」と　求め　考え
できあがった　五つの箱と記号たち
できあがって　**とてもうれしい！**

そして　これを　たくさんの人に
お伝えできれば
とてもしあわせ♡

みなさんに　自分の事を知ってほしい
みなさんの周りの人の事も知ってほしい
そう願います

あなたの個性を表す『数』

あなたの個性を表す五つの箱には　五つの星が入っています

それぞれの人に　それぞれの星が入っています

星はその人の関心を持つものや考え方に影響を与えます

その関心や影響は星の数で表れます

五つの箱の中に　一つ星が入っていると　↓　ふつう

二つ同じ星が入っていると　↓　二倍

三つ同じ星が入っていると　↓　三倍

五つの箱の中に　ひとつもないと　↓　ゼロ

自分の持っていない星の事には関心がわかない
影響を受けないという事です

同じ星の種類を持っている人同士は　考え方が似ています

同じ星をたくさん持っていると　その星の影響を強く受けるため
考え方が偏りやすい傾向があります

『持っているもの』と『持っていないもの』

あなたの生年月日から導き出される五つの星は
あなたが生まれ持ったもの　あなたが持っているもののことです

私達はひとりひとり　生まれ持ったものが違います
それぞれの人が自分の持っているもののことはわかります

私達はそれぞれに　持っていないものがあります
あなたの個性を表す五つの箱の中に　**入っていないものが**
その人の持っていない『欠点』です

『欠点』＝悪い点ではありません

自分が持っていないもののことはわかりにくい　苦手ということです

自分の持っているものは自分の『個性』

『個性』は活かすことが大切です

自分の持っていないものは自分の『欠点』

『欠点』は補っていく努力をしていけます

みんな平等に

持っているものと　持っていないものがあります

あなたの個性を表す『中心星』

あなたの個性を表す五つの箱には
中心にある箱があります

この中心の箱に入る星は
あなたの個性を表す中心星です

中心星は
あなたの個性を表す五つの星の中で　一番重要な星です

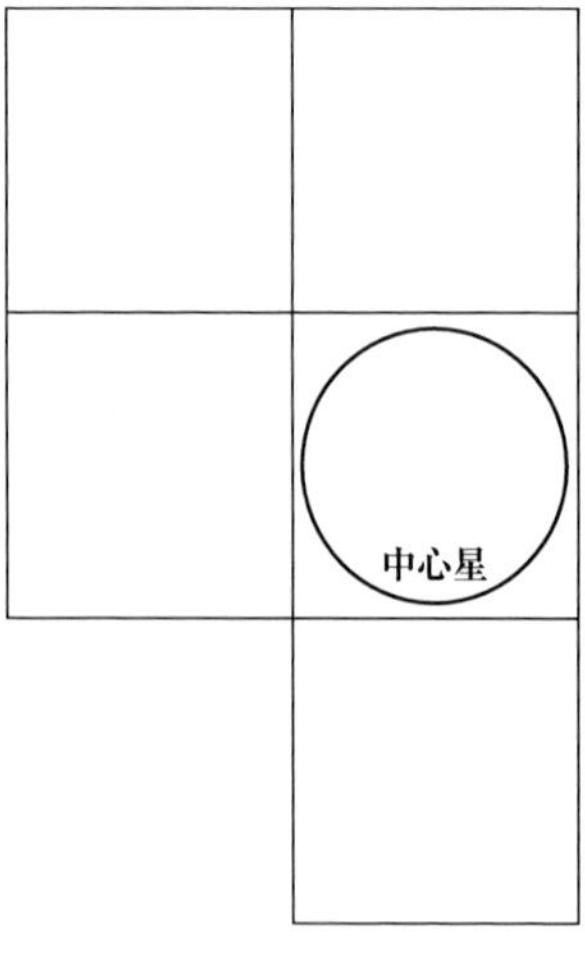

中心星は
あなたの個性の特徴を一番表す星です

あなたが　一番　大切だと考えるもの

あなたが　一番　優先するもの

あなたが　一番　影響を受けるものです

それぞれの人に
それぞれの中心星があります

おさらい　と　まとめ

	ストレート	カーブ
気	⇦	⬅
感性	♡	♥
現実	□	■
役目	☆	★
智恵	○	●

この十種類の星が
生年月日を表す
五つの箱に
入るんだよん
星が十種類で
箱が五つだから
全部の星を
持っている人は
いないってことだね
そうだよん
だから
『欠点』の
ない人なんて
いないよん
そっか　だから
わからないことや
苦手なことが
あるんだね
そうだよん
そして五つの箱の
中で一番中心に
なるのが
この箱に入る星！
この星がその人の
個性を一番
表す星なんだよん
へー

ここまで
運命学についてや
個性を表す五つの箱と
その中身となる　星の形や色・数・中心星について
お話をしてきました

さて　これからは
個性を表す　十種類の星について
種類ごとに　くわしくお話しします

さあ　自分の星について知ってください

白のやじるし
人間関係の悩みをどう考える？
まずはこの星
おう！
元気とやる気とパワーの星
『白やじるし』ですっ！
悩みの解決法？
そんなの簡単だ！
あの夕日に向って走れ！そうすれば悩みなんてとんでくぞ！
良くも悪くもマイペースなんだよん
先行くぞー

⇦白やじるし記号の特徴

⇦やじるしの形は気＝エネルギーを表します

⇦の気（エネルギー）は元気・やる気の元となるものです

⇦白やじるしは前進の気（エネルギー）

前へ前へと進もうとする気（エネルギー）です

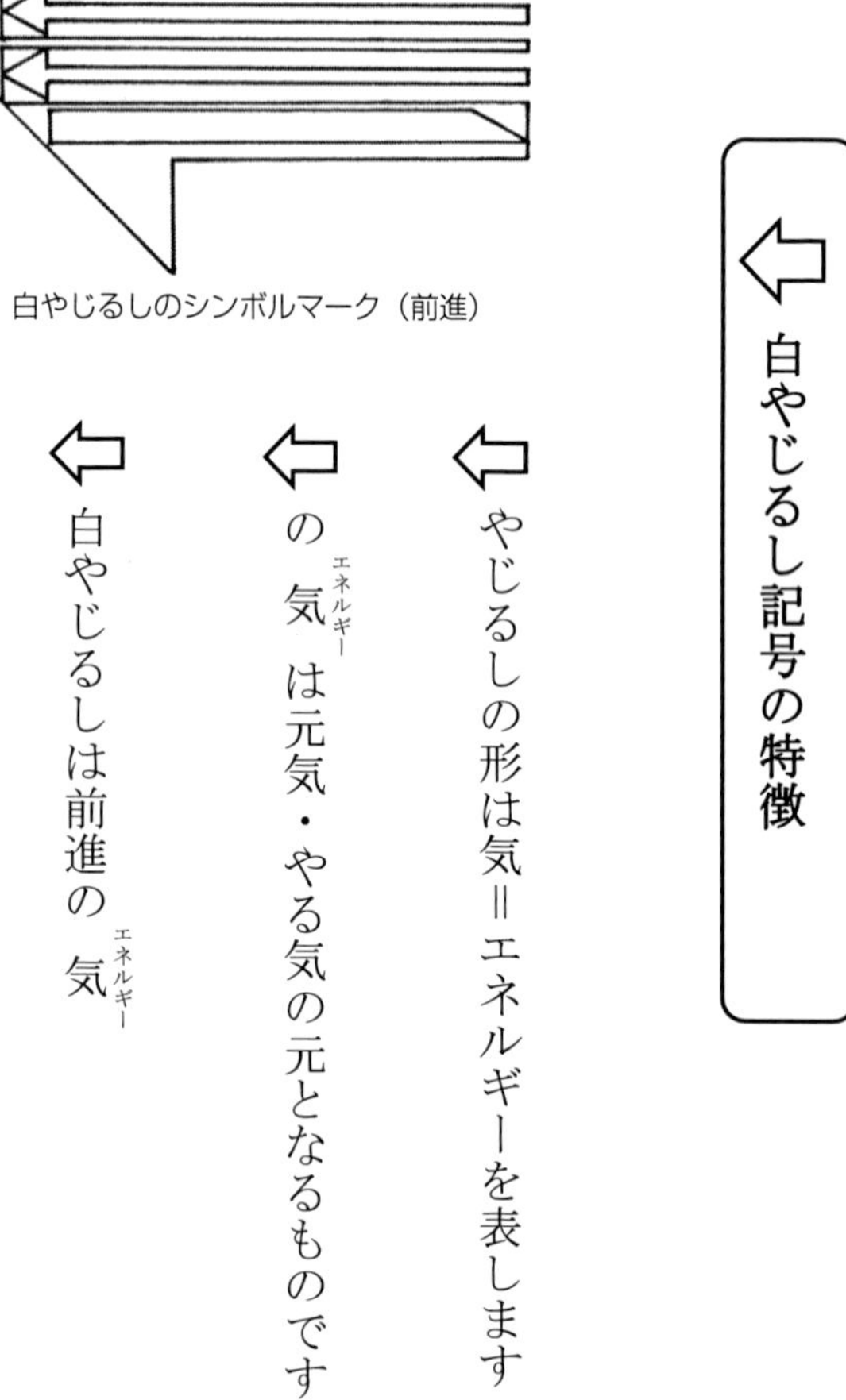

白やじるしのシンボルマーク（前進）

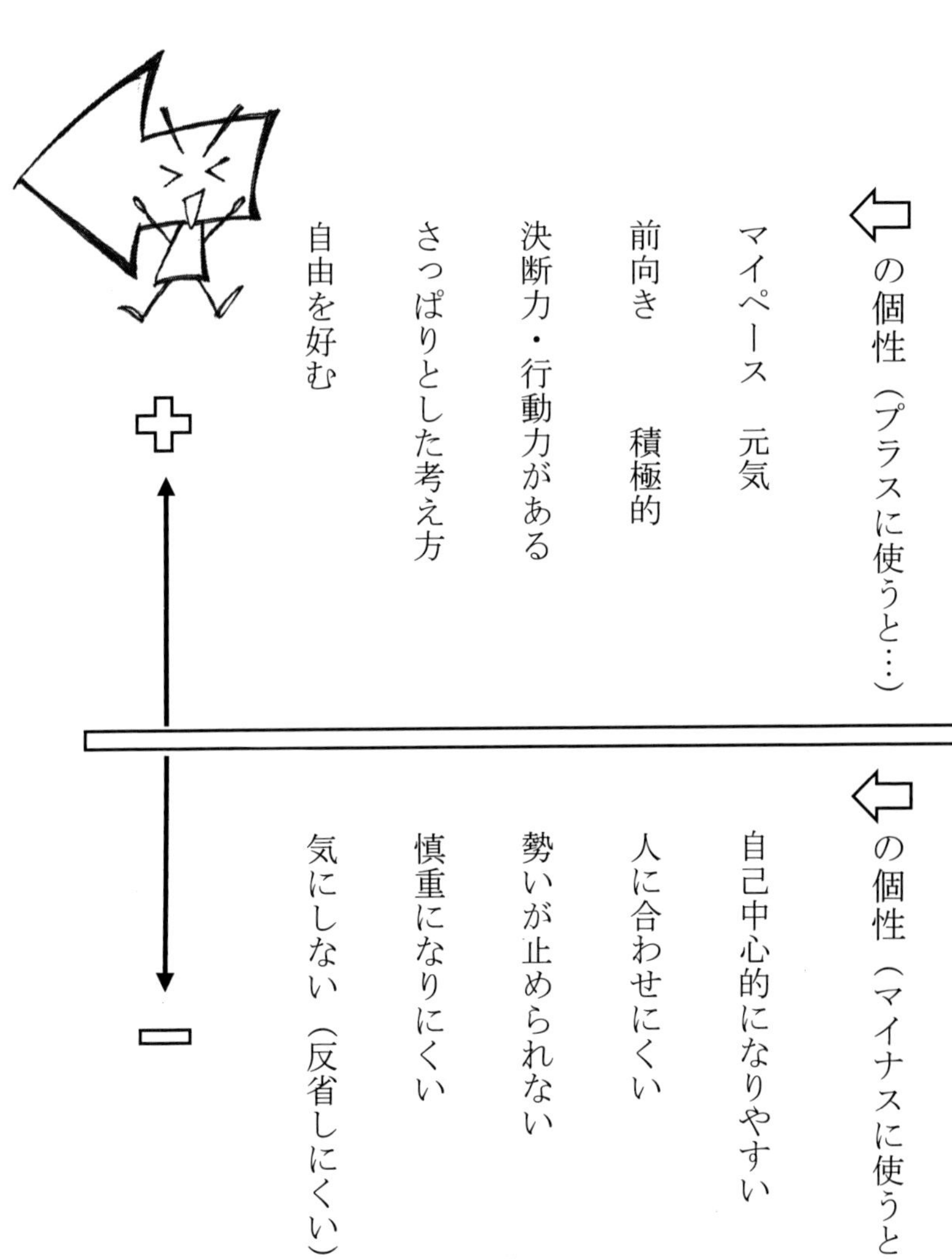

⇦の個性（プラスに使うと…）

マイペース　元気

前向き　積極的

決断力・行動力がある

さっぱりとした考え方

自由を好む

⇦の個性（マイナスに使うと…）

自己中心的になりやすい

人に合わせにくい

勢いが止められない

慎重になりにくい

気にしない（反省しにくい）

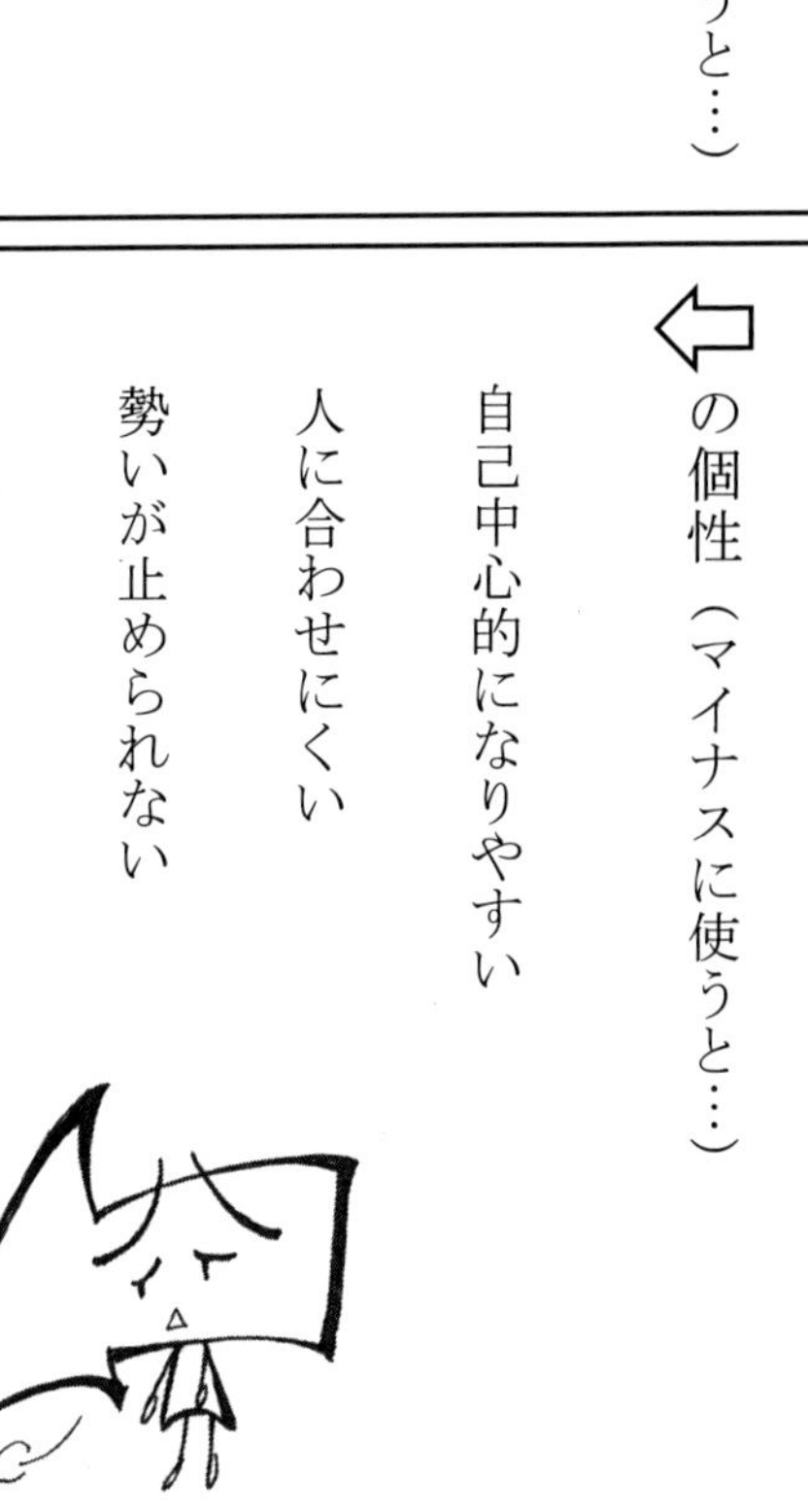

を持つあなたへ　～を活かすために～

やってみたいと思ったことや
やってみませんかと言われたことに対して
前向きに考え・積極的になってみる

やってみなければわからない
やってみてわかることがある
その体験を自分のパワーにする

一生青春　夕ぐれなし
理想に向かって　夢に向かって
元気よく進んでいくのが　あなたらしい

黒のやじるし  人間関係の悩みをどう考える？

黒やじるし　記号の特徴

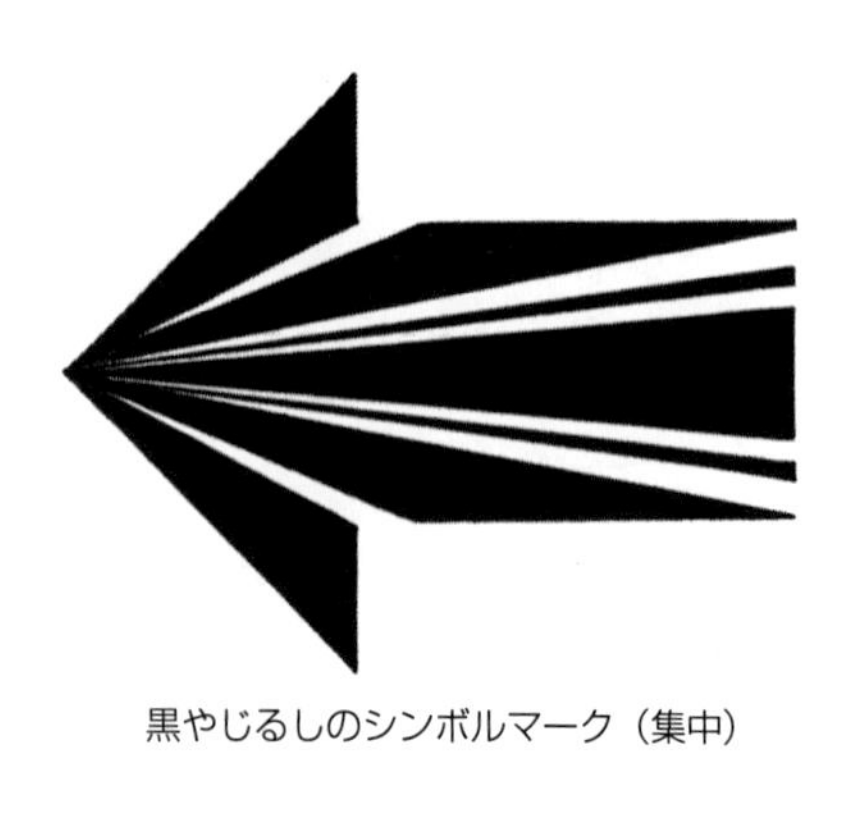

黒やじるしのシンボルマーク（集中）

やじるしの形は気＝エネルギーを表します

の気（エネルギー）は頑張り・粘り強さの元となるものです

黒やじるしは集中の気（エネルギー）

目標を見定め　目標に集中する気（エネルギー）です

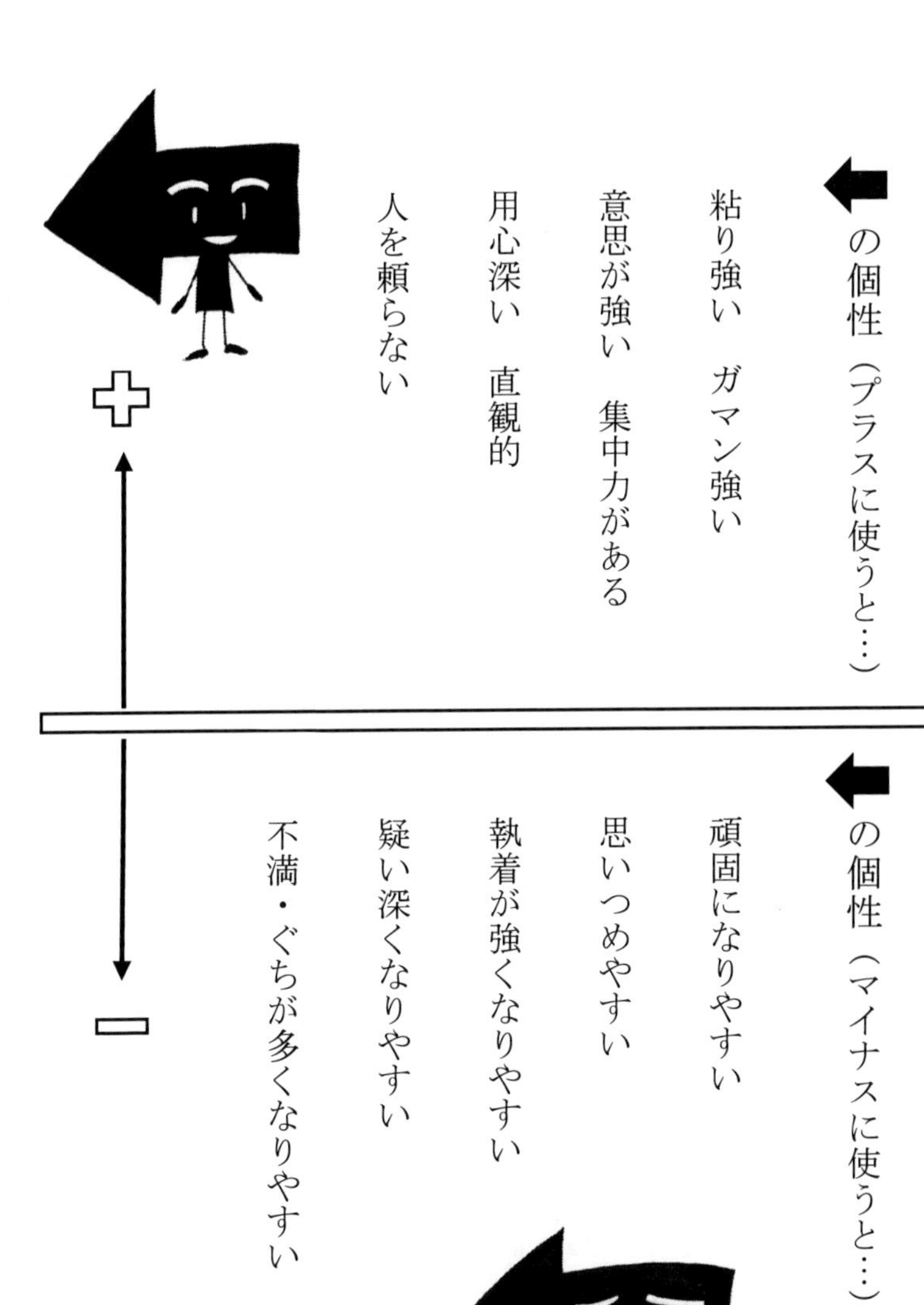

←の個性（プラスに使うと…）
粘り強い　ガマン強い
意思が強い　集中力がある
用心深い　直観的
人を頼らない
←の個性（マイナスに使うと…）
頑固になりやすい
思いつめやすい
執着が強くなりやすい
疑い深くなりやすい
不満・ぐちが多くなりやすい

を持つあなたへ　～←を活かすために～

まずは用心深く　目標を見定めることに集中する
そしてねばり強く　目標に向いつづける

つらぬくことで生まれる自信
やりとげることで作られる実力
自分の力で切り開く

簡単でないこと
真のことを求めて進んでいくのがあなたらしい

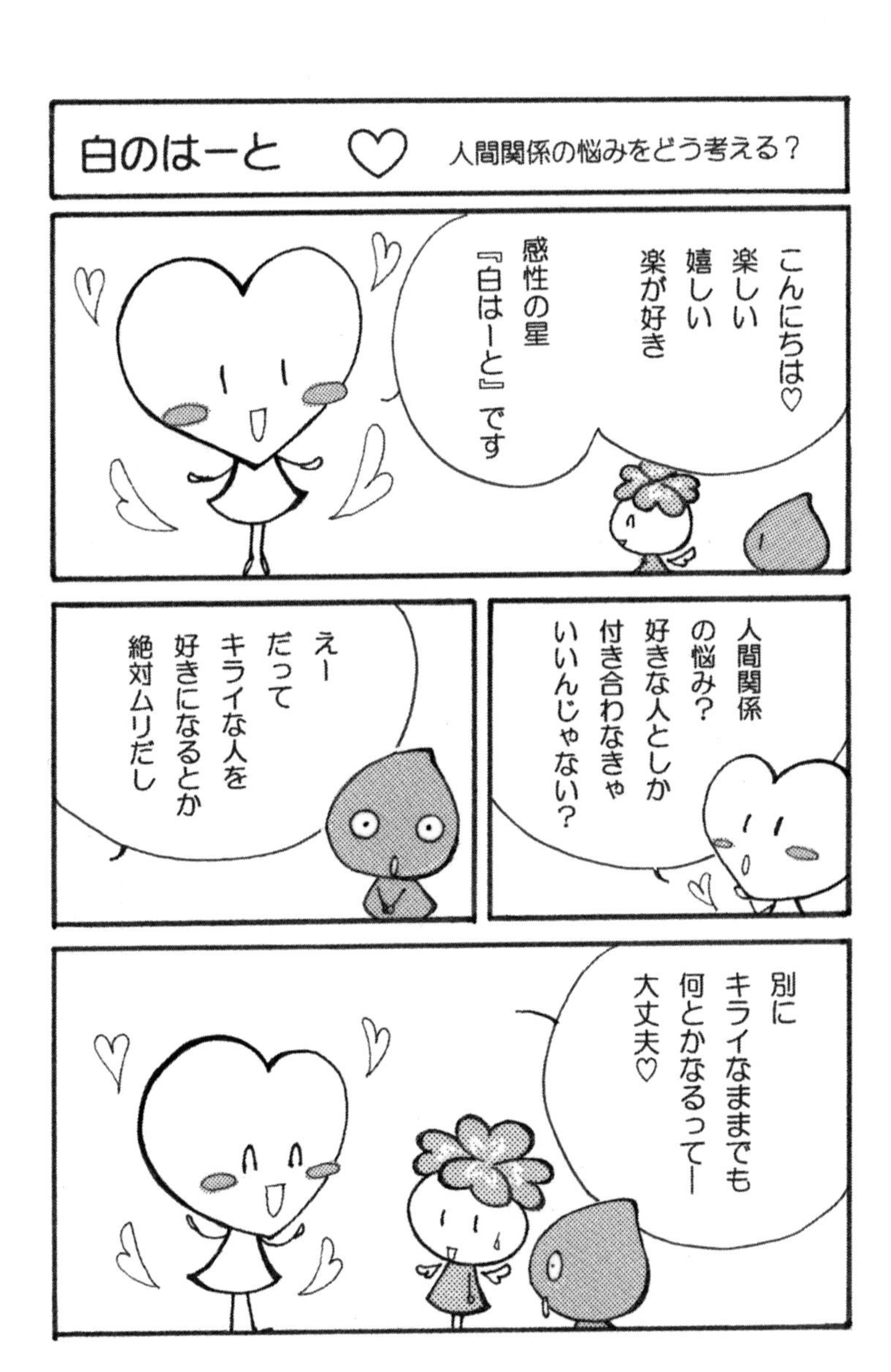
白のはーと
人間関係の悩みをどう考える？
こんにちは♡
楽しい
嬉しい
楽が好き
感性の星
『白はーと』です
人間関係
の悩み？
好きな人としか
付き合わなきゃ
いいんじゃない？
えー
だって
キライな人を
好きになるとか
絶対ムリだし
別に
キライなままでも
何とかなるってー
大丈夫♡

白はーとのシンボルマーク（大らか）

♡白はーと　記号の特徴

♡はーとの形は心を表します

♡の心は何かを感じるはたらきをします

♡白はーとは大きく捉（とら）える感性

物事を大らかに感じ取る感性です

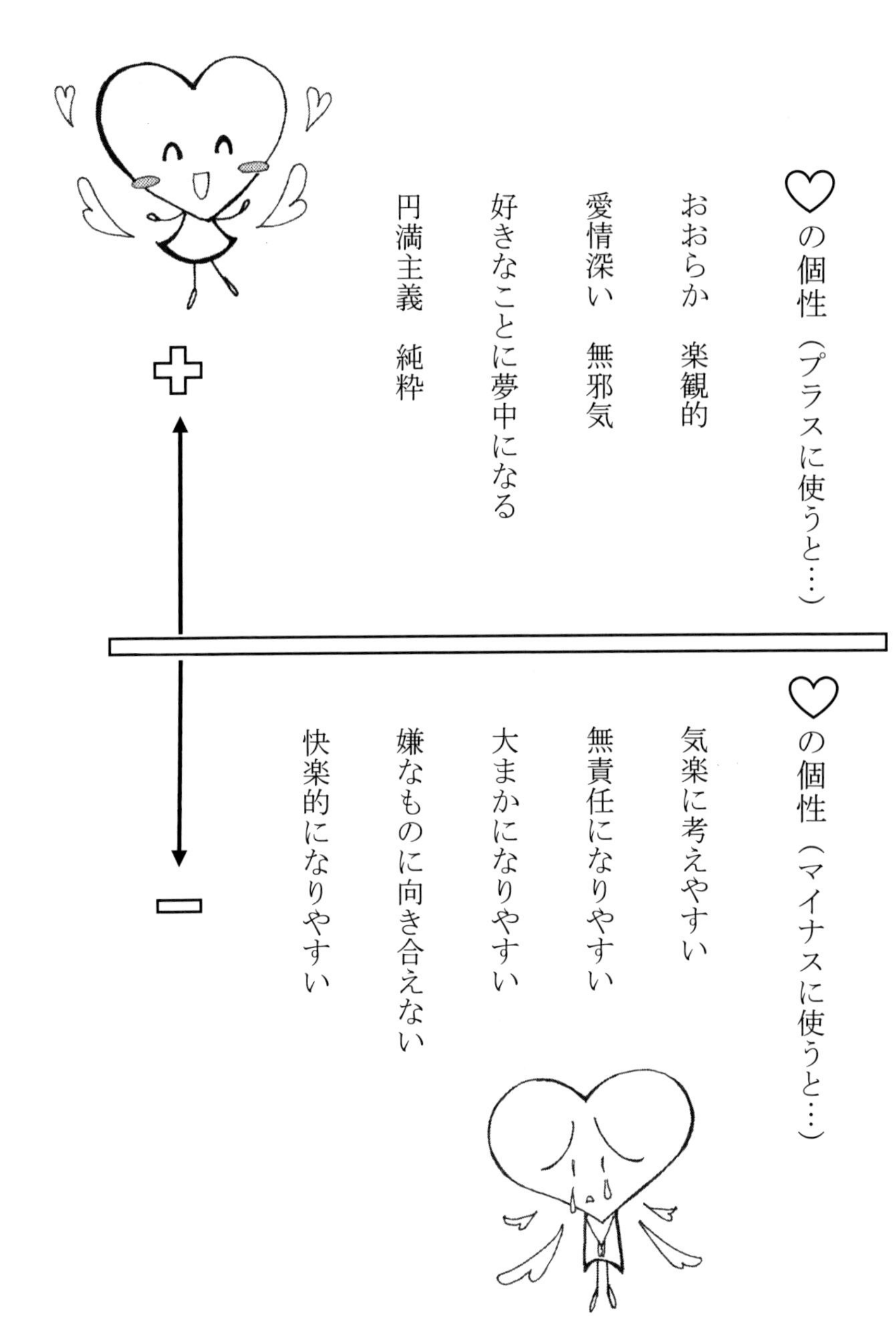

♡の個性（プラスに使うと…）
おおらか　楽観的
愛情深い　無邪気
好きなことに夢中になる
円満主義　純粋
♡の個性（マイナスに使うと…）
気楽に考えやすい
無責任になりやすい
大まかになりやすい
嫌なものに向き合えない
快楽的になりやすい

好きなこと　楽しいこと　うれしいこと
夢中になれることを　みつける

楽しいからつづいていく
楽だから　つづけていける
自然体でいる

天真爛漫
大らかに　明るく
ほほえみながら　歩いていくのがあなたらしい

黒のはーと  人間関係の悩みをどう考える？

はじめまして
繊細さと
気遣い
そして
センスの星
『黒はーと』です

でも
その人の
ここが
足りないとか
ここがダメとかつい
気がついちゃうん
ですよね

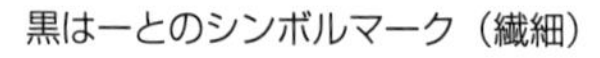

黒はーとのシンボルマーク（繊細）

黒はーと　記号の特徴

♥はーとの形は心を表します

♥の心は何かに気づくはたらきをします

♥黒はーとは細かく気づく感性

物事を繊細に感じ取る感性です

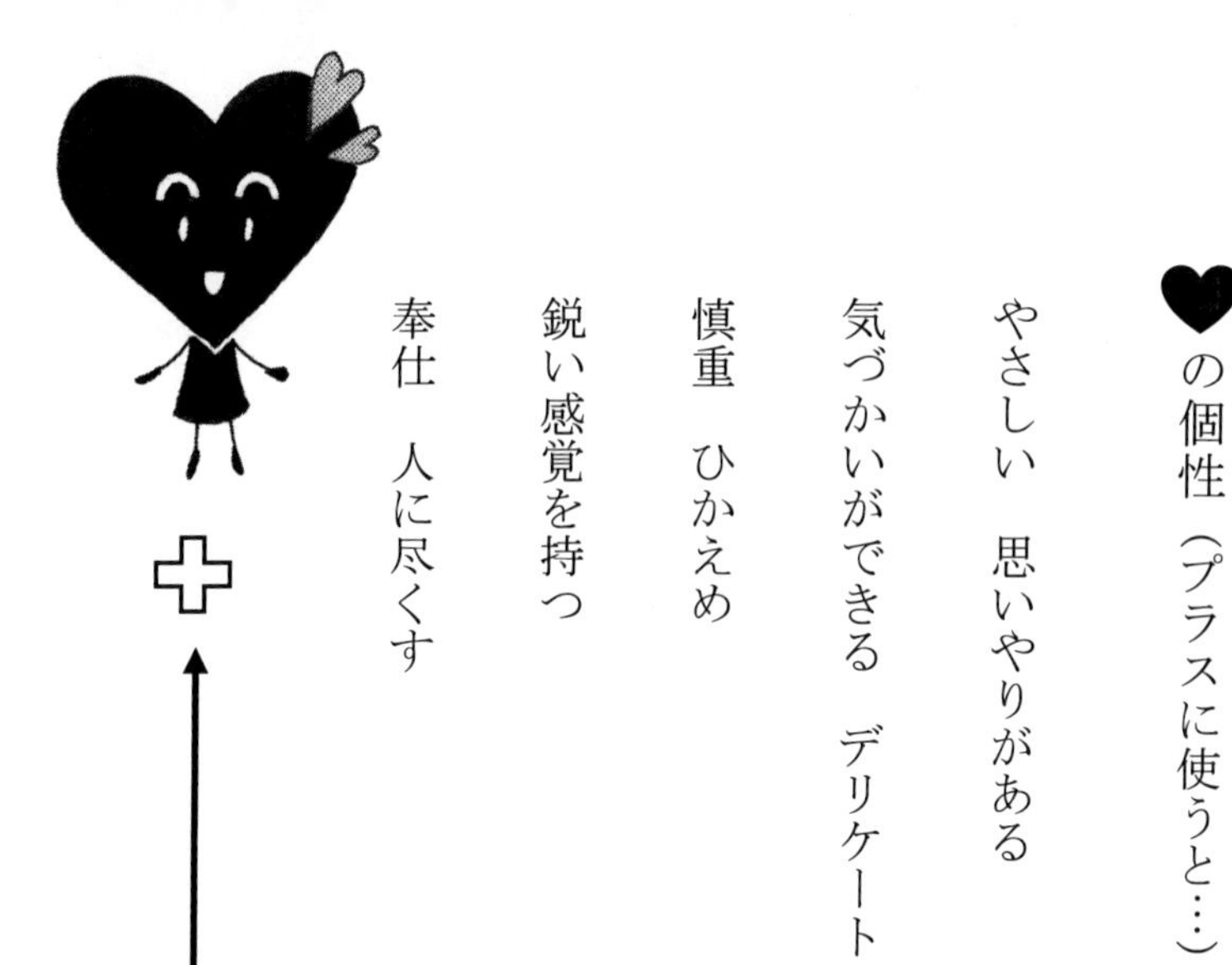

♥の個性（プラスに使うと…）

やさしい　思いやりがある

気づかいができる　デリケート

慎重　ひかえめ

鋭い感覚を持つ

奉仕　人に尽くす

♥の個性（マイナスに使うと…）

心配性になりやすい

弱気になりやすい

決断力が弱くなりやすい

自己犠牲になりやすい

批判的になりやすい

を持つあなたへ　～♥を活かすために～

こまやかに感じ取れるもの
するどく感じ　取れること
ひとつ　ひとつ　気づいていく

その気づきを
そっと思いやり・やさしさに変えて
分け与えていく

無理のないペースで少しずつ
ゆっくりじっくりと作っていくのがあなたらしい

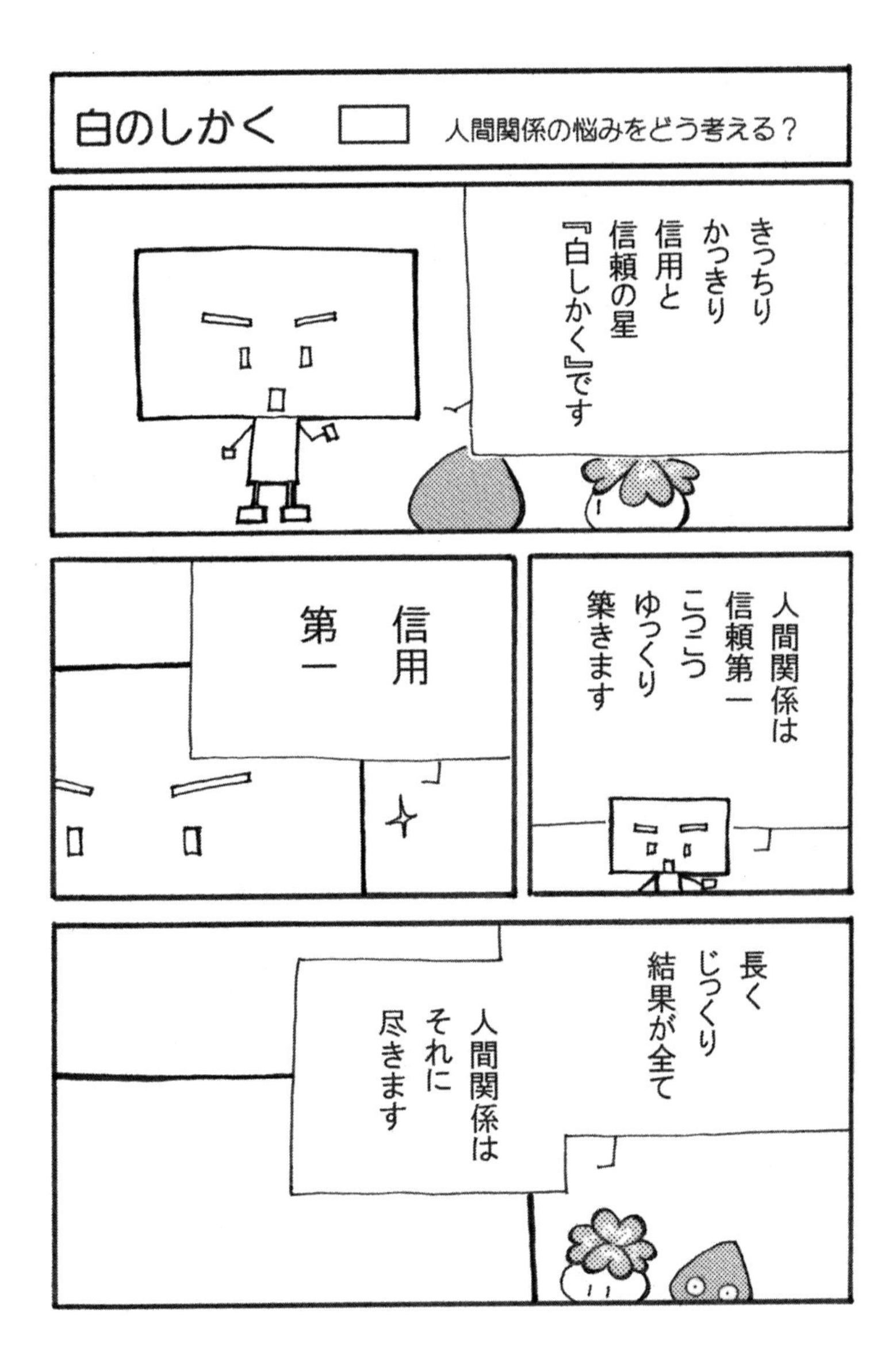
白のしかく
人間関係の悩みをどう考える？
きっちり
かっきり
信用と
信頼の星
『白しかく』です
信用
第一
人間関係は
信頼第一
こつこつ
ゆっくり
築きます
長く
じっくり
結果が全て
人間関係は
それに
尽きます

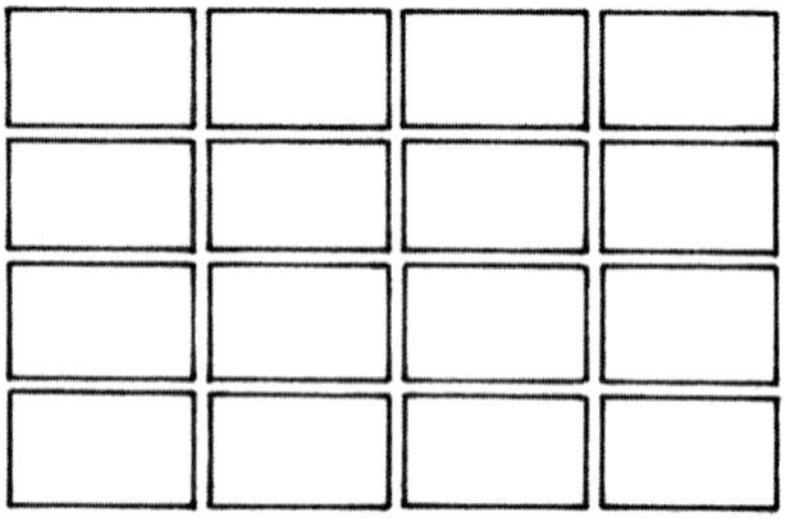

白しかくのシンボルマーク（積み重ね）

□白しかく　記号の特徴

□しかくの形はお金（おさつ）を表します

□のお金は現実（目に見えるもの）に関係します

□白しかくは結果を大切にする現実性

結果を求めこつこつと積み重ねる働きです

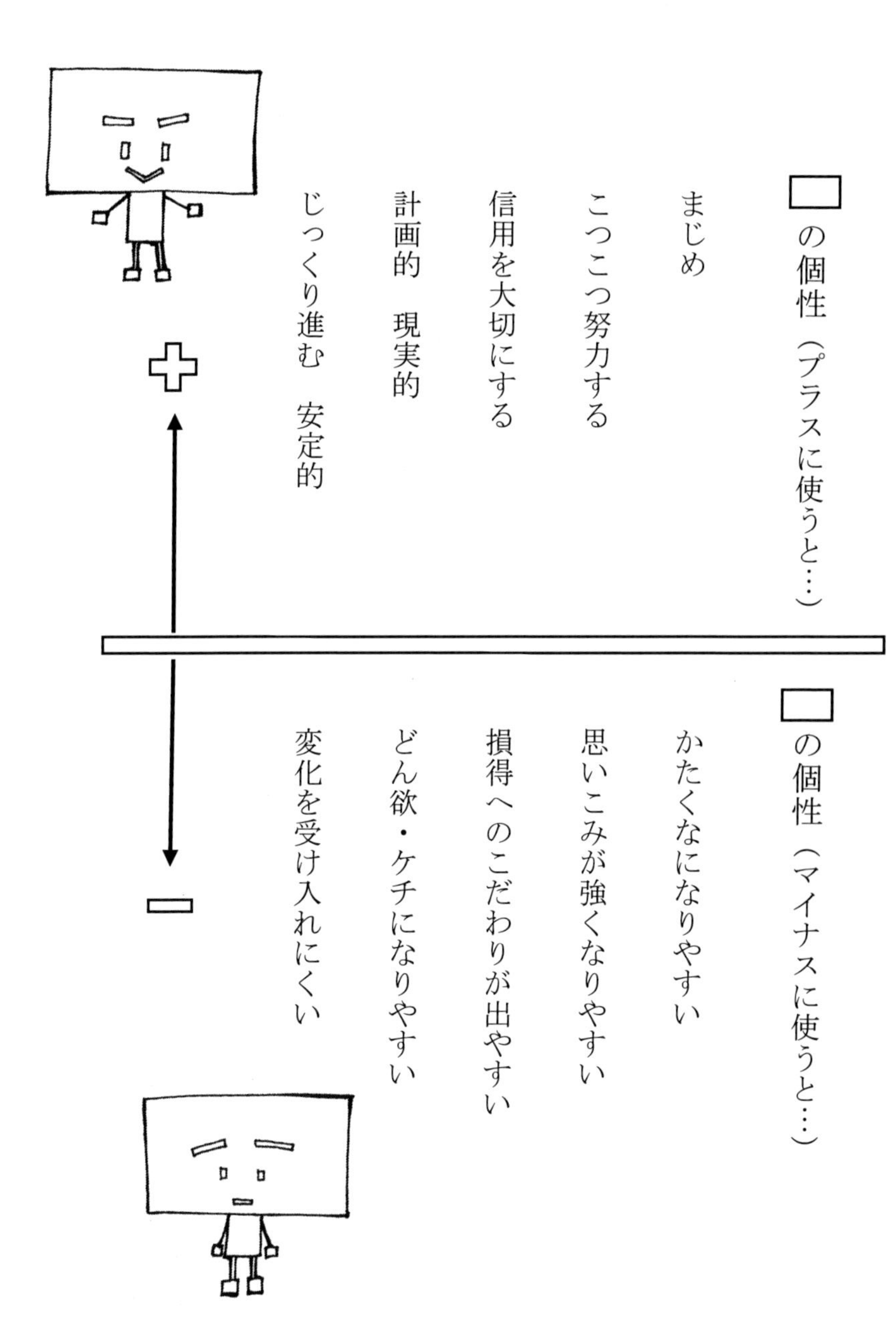

□の個性（プラスに使うと…）
まじめ
こつこつ努力する
信用を大切にする
計画的　現実的
じっくり進む　安定的
□の個性（マイナスに使うと…）
かたくなになりやすい
思いこみが強くなりやすい
損得へのこだわりが出やすい
どん欲・ケチになりやすい
変化を受け入れにくい

□を持つあなたへ　～□を活かすために～

一日一日　ひとつ　ひとつ
こつこつと　努力していく
信じること　信じられることをパワーにして
目に見える　実（みのり）としていく

まっすぐに
ひたむきに　積み重ねつづけていくのがあなたらしい

黒のしかく  人間関係の悩みをどう考える？

黒しかく　記号の特徴

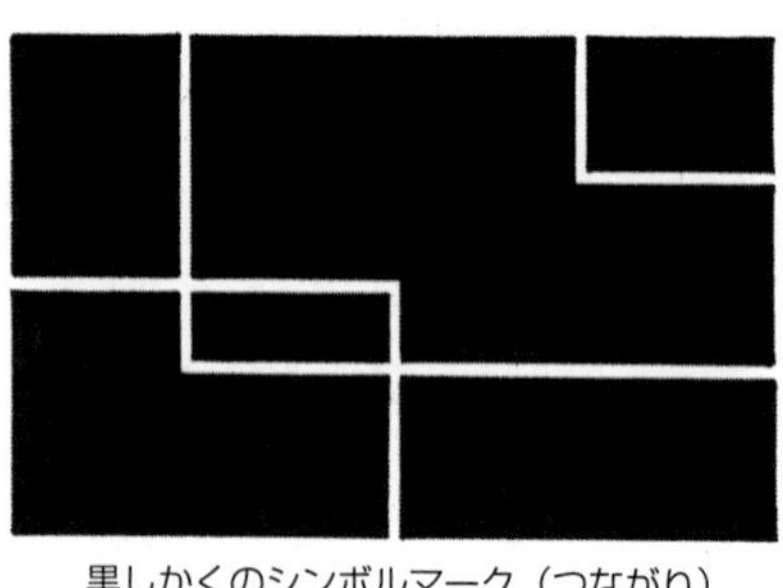

黒しかくのシンボルマーク（つながり）

■しかくの形はお金（おさつ）を表します

■のお金は活動（目に見えないもの）に関係します

■黒しかくはつながりを大切にする活動力

つながりを求め　忙しく動き回る働きです

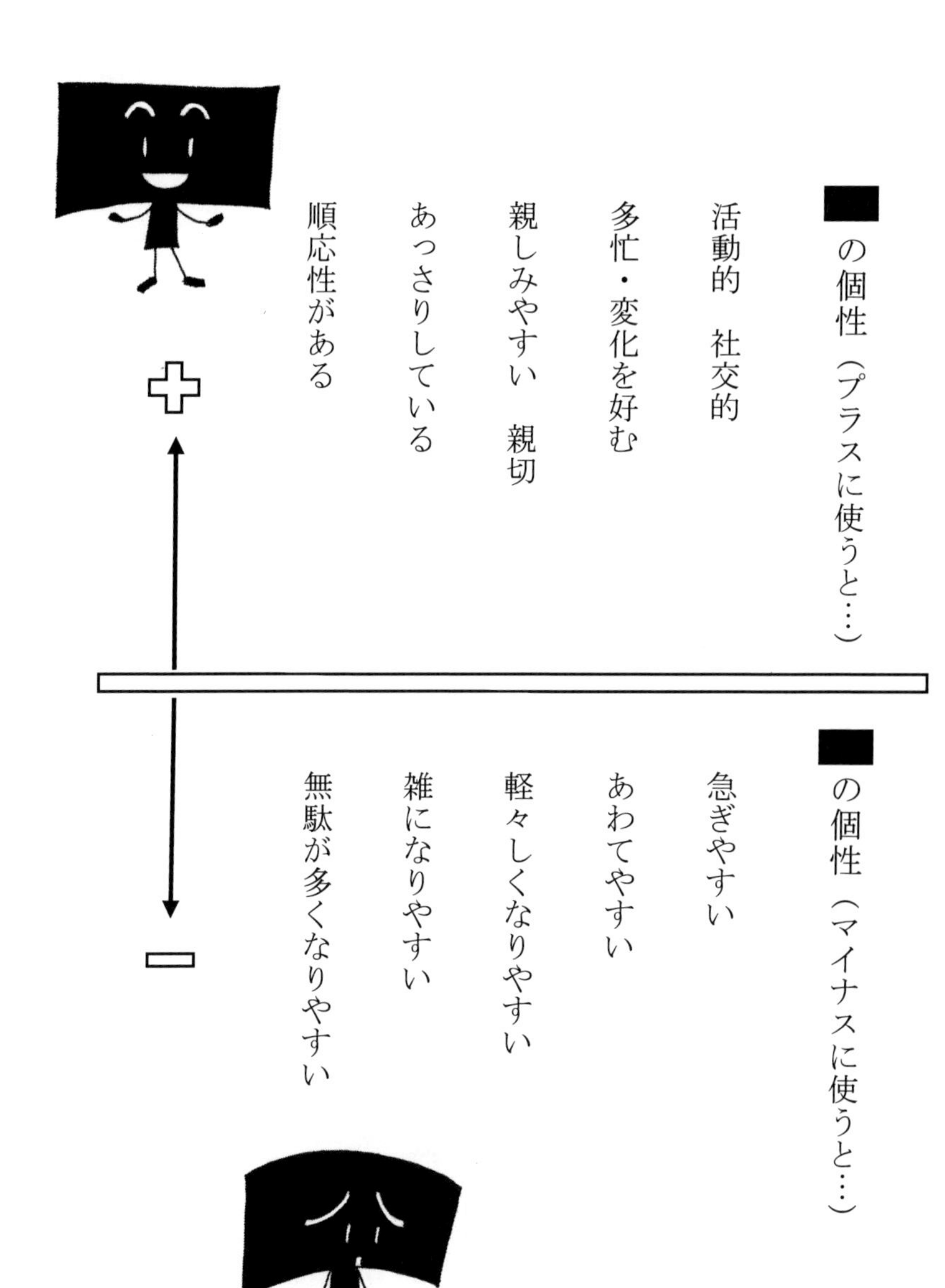

■の個性（プラスに使うと…）

活動的　社交的

多忙・変化を好む

親しみやすい　親切

あっさりしている

順応性がある

＋

■の個性（マイナスに使うと…）

急ぎやすい

あわてやすい

軽々しくなりやすい

雑になりやすい

無駄が多くなりやすい

－

■を持つあなたへ　～■を活かすために～

ひとつ動けば　ひとつ　つながる
とどまることなく　動いていく

色々な　ところ　色々な　ひと
色々な　ことを　知っていく

足どり軽く　活発に
合わせ・応え　おもしろく
ひろがり　変わっていくのがあなたらしい

白のほし  人間関係の悩みをどう考える？

☆白ぼし　記号の特徴

白ぼしのシンボルマーク（正しさ）

☆ほしの形はバッヂを表します

☆のバッヂは立場に関係します

☆白ぼしは向上心と正義を求める責任感

きちんと役目を果たそうとする責任感です

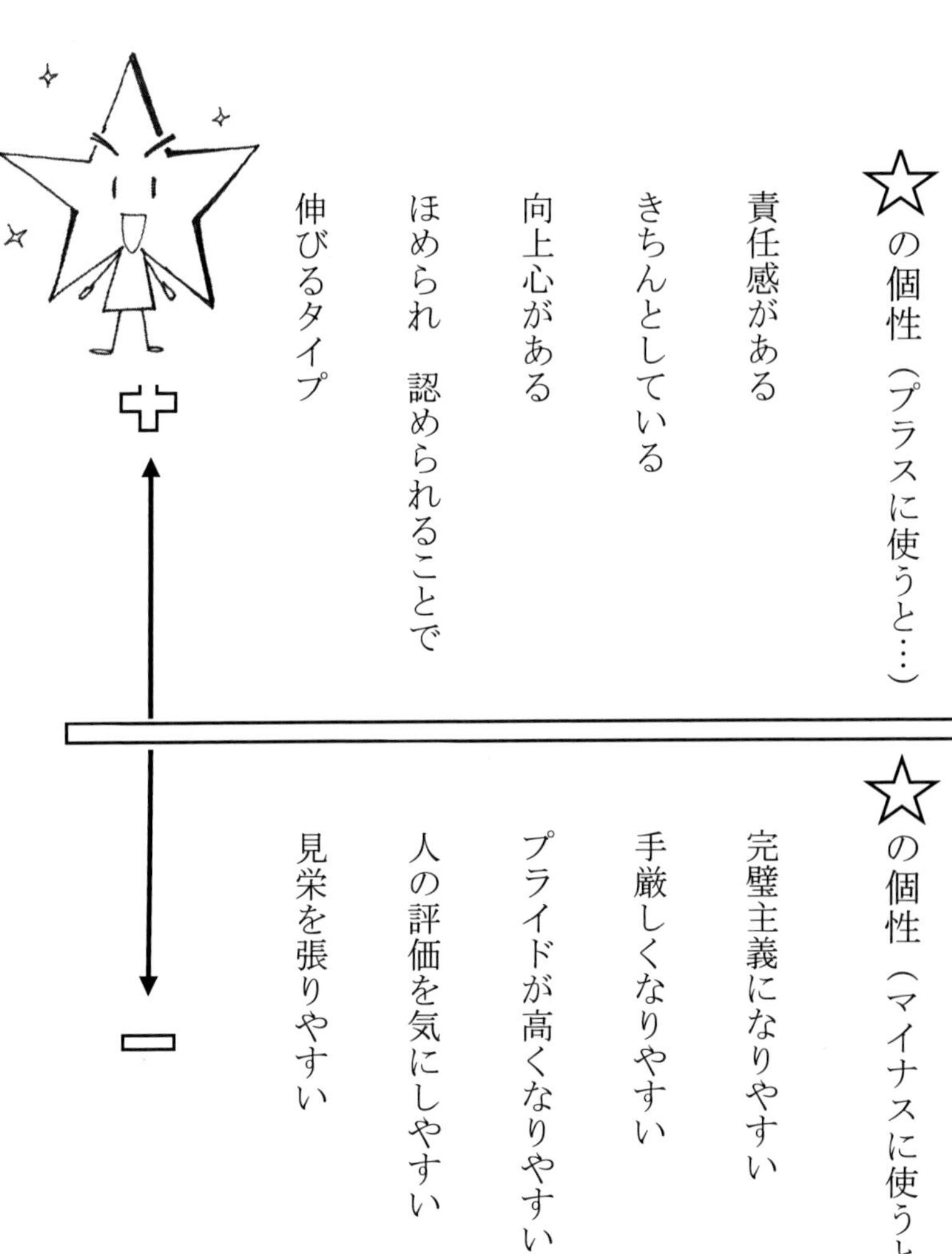

☆の個性（プラスに使うと…）

責任感がある
きちんとしている
向上心がある
ほめられ　認められることで
伸びるタイプ

☆の個性（マイナスに使うと…）

完璧主義になりやすい
手厳しくなりやすい
プライドが高くなりやすい
人の評価を気にしやすい
見栄を張りやすい

☆を持つあなたへ　～☆を活かすために～

より良い方へ
より正しいものを　目指していく

必要とされることを　よろこびとして
認められることを　誇りとして
自分の役目を果たしていく

求めるところ　輝きに向って
きちんと　関わり合っていくのがあなたらしい

黒のほし  人間関係の悩みをどう考える？

黒ぼし　記号の特徴

黒ぼしのシンボルマーク（強さ）

★ほしの形はバッヂを表します

★のバッヂは役目に関係します

★黒ぼしは強さ・勢いを持つ責任感

「〇〇」の為に強さを発揮するする責任感です

の個性（プラスに使うと…）

頼りがいがある

めんどう見が良い

はっきりしている　勝気

負けず嫌い　勇気が出せる

てきぱきすることを好む

★の個性（マイナスに使うと…）

短気・急ぎすぎになりやすい

怒りっぽくなりやすい

イライラしやすい

強気で荒くなりやすい

さみしがりになりやすい

を持つあなたへ　～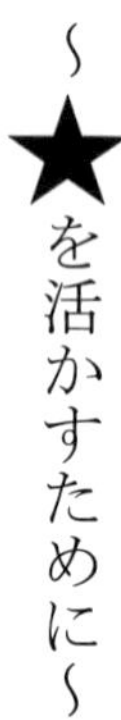を活かすために～

強さと勢いを　勇気に変え
大切なものを守るために　立ち向かう
波も嵐も恐れることなく
強い気持ちで　進んでいく
争うことなく　はっきりときっぱりと
挑み　戦っていくことがあなたらしい

白のまる  人間関係の悩みをどう考える？

今日は
『白まる』にとって
人間関係とは
どのような
重要性を持つかに
ついて考えて
みましょう

そうですか
まだまだ勉強が足り
ませんね
テキスト8ページを
読んでもう一度学び
なおして下さいね
さてそもそも
『白まる』とい
のはこだわりの
あり対人関係に
てもその独自の
こだわりは有効と
なります従って
個々に対して
それぞれの
こだわりが適用され・・・

◯白まる　記号の特徴

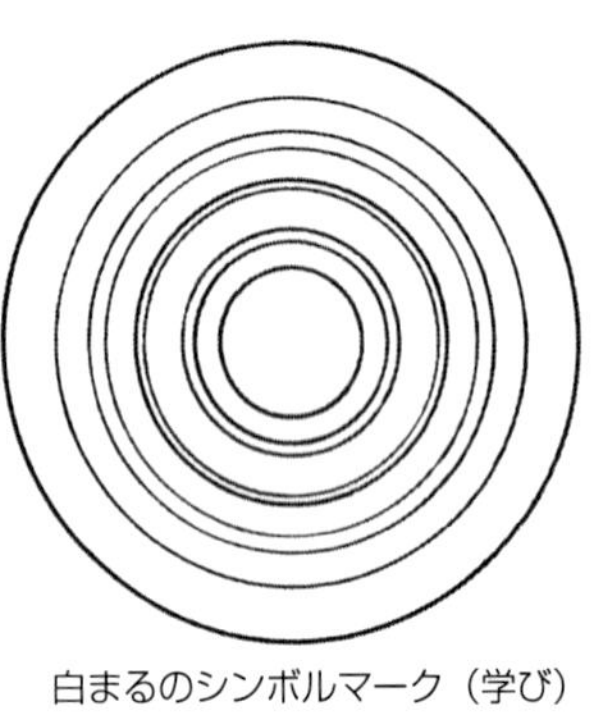

白まるのシンボルマーク（学び）

◯まるの形は「よくできましたね」と認めてもらうまるを表します

◯のまるは智恵（頭脳）に関係します

◯白まるは　素直に学び・考える智恵

学んだこと　こだわりのあることを言葉で表現します

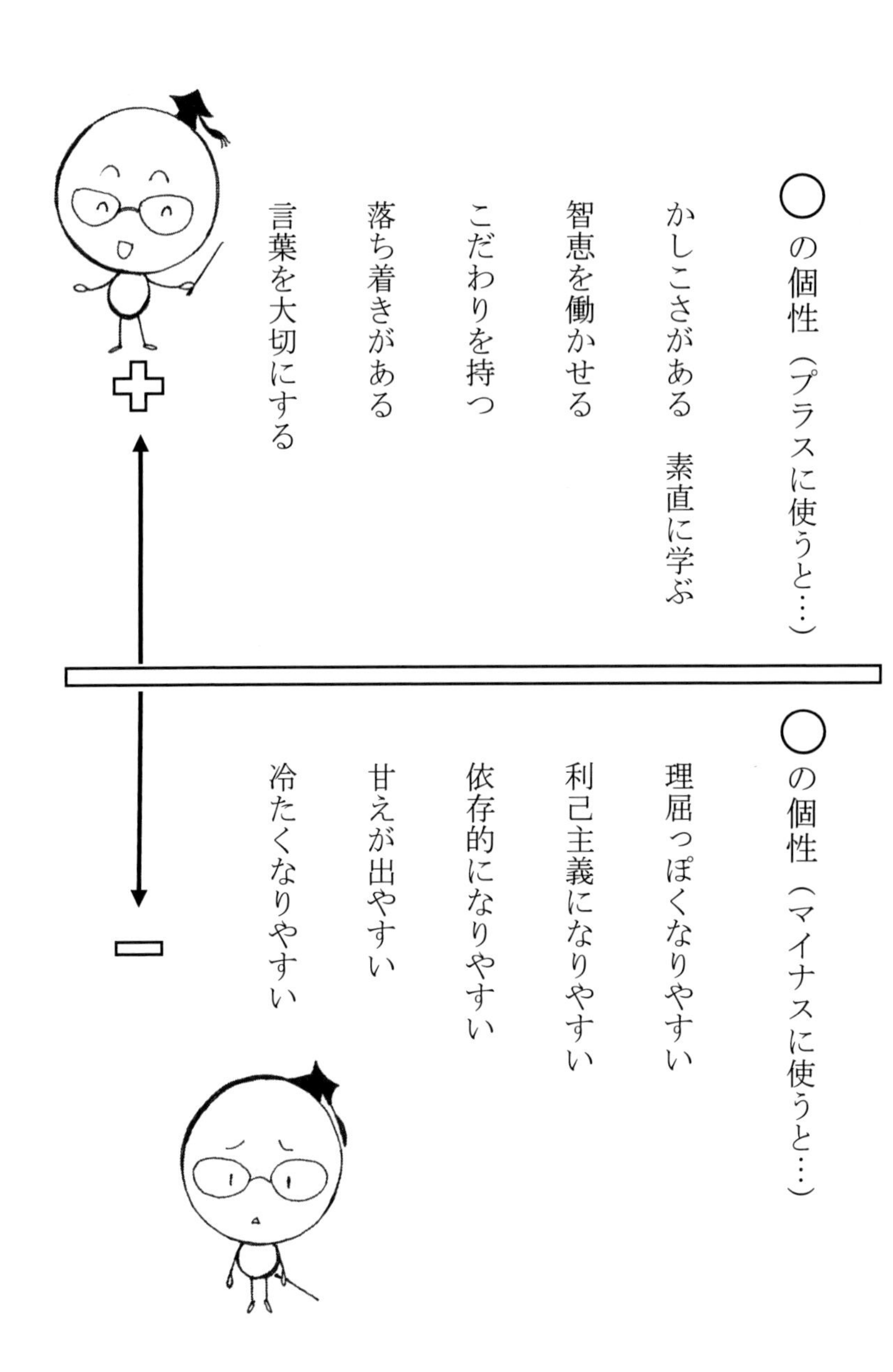
○の個性（プラスに使うと…）
かしこさがある　素直に学ぶ
智恵を働かせる
こだわりを持つ
落ち着きがある
言葉を大切にする
＋
○の個性（マイナスに使うと…）
理屈っぽくなりやすい
利己主義になりやすい
依存的になりやすい
甘えが出やすい
冷たくなりやすい
－

○を持つあなたへ　～○を活かすために～

考え・聞き・話し・伝える
言葉を大切にする

古き教え・新しい物事
素直な心で学ぶこと

学び　知ったことを　智恵として
広く　大きく　深く　こだわりとしていくのがあならしい

黒のまる  人間関係の悩みをどう考える？

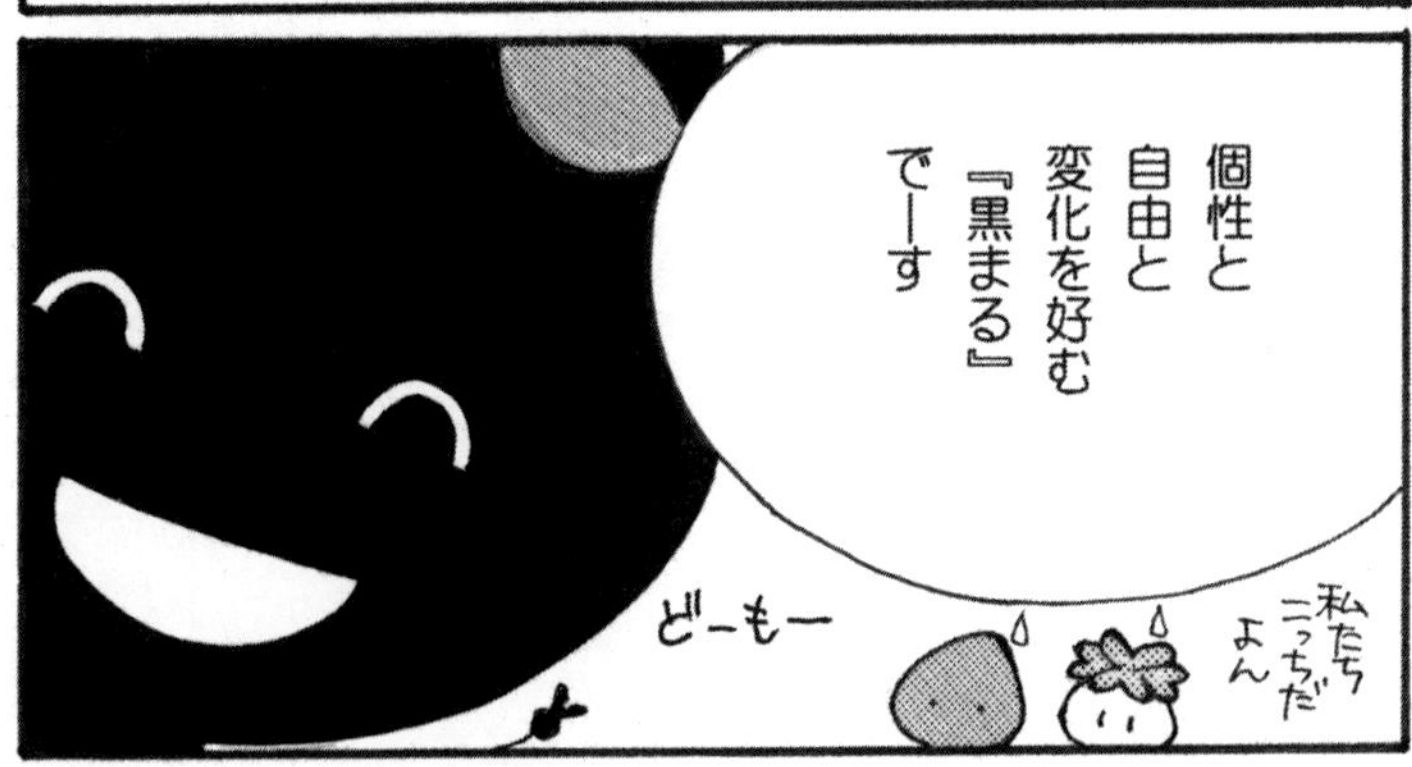

それぞれ
変わった考えや
面白さがあって
どんな人にも
興味が湧くね

へ

●黒まる　記号の特徴

黒まるのシンボルマーク（独自性）

●まるの形は「よく思いつきましたね」と認めてもらうまるを表します

●のまるは智恵（頭脳）に関係します

●黒まるは　めずらしいことを考える智恵

思いついたこと　探したことを独自の形で表現します

●の個性（プラスに使うと…）

独自性がある　ひらめきがある

ユニーク　不思議

探求心がある

時の流れにより

考え方が変化する

●の個性（マイナスに使うと…）

理解されにくい

孤独になりやすい

考えすぎになりやすい

暗くなりやすい

思いつきが多くなりやすい

●を持つあなたへ　～●を活かすために～

何にもしばられず
何処にもとどまらず
自由でいること

自分の時間　自分の世界の中で
何かを探しつづける

見たこともない　めずらしいもの
聞いたこともない　不思議なこと
自分がみつけたものを　表現していくのがあなたらしい

木花先生のつれづれ話　うれしいこと
さん

みなさんに
私の中心星を教えちゃいます
○ 白まるです
「へーそうなの」と思われましたか…？
それとも
「やっぱりね！そう！白まるよ！」と
思われますか…？

○ 白まるだから
わたしの思いを
この本で　いっぱい　いっぱい
言葉に込めることができて
とてもうれしい！
みなさんに読んでもらえて
本当に良かった！
みなさんに　この本を活かしてもらえたら
心から　心から　感謝いたします！

運命学って面白い

木花運命学個性についてのお話はこれで終わりだよん

どうだったよん？
全然こわくなかった！

五つの箱の中に色や形や数は違ってても皆それぞれの星が入っていて一人一人違った個性を持ってるんだってことがわかって面白かった！

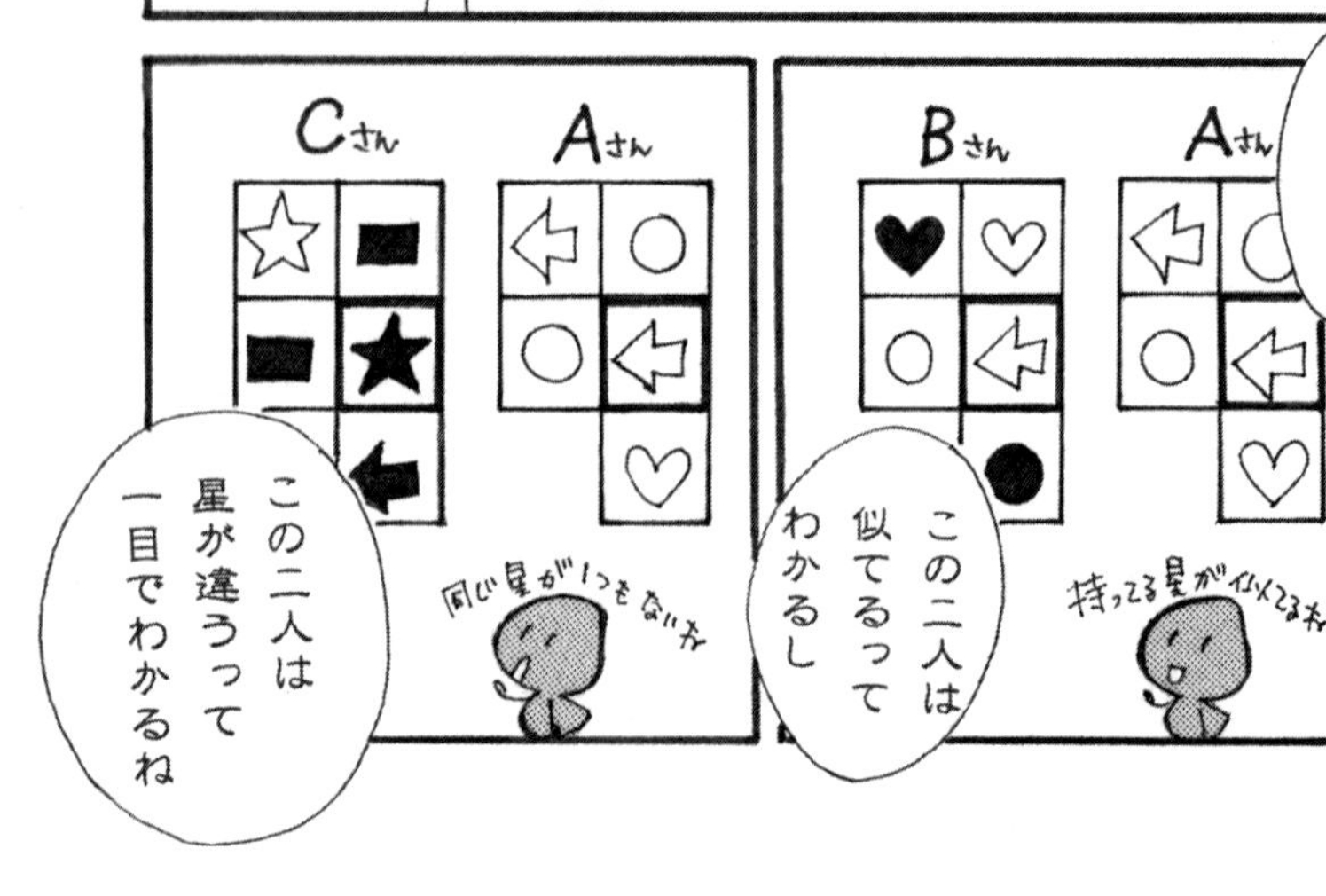

例えば二人を並べてみると
Aさん
Bさん
持ってる星が似てるね
この二人は似てるってわかるし
Aさん
Cさん
同じ星が1つもないな
この二人は星が違うって一目でわかるね

自分と
ほかの人とじゃ
持っている星が
違うから
考え方も
大切なものも
違うんだね

それに
どんな星にも
プラス面と
マイナス面が
あるってわかって…

わたし
不幸の星の元に
うまれたんじゃ
なくて
自分の持ってる
星のマイナス面
ばかりつかっちゃって
いたんだね

わたしもっと
プラス面を
うまく活かせる
ようになりたい！
しょんぼりん…！

そうだよん！
他の人に
決められる
のではなく
自分のプラス面を
自分で選んで
活かしていく
木花運命学は
その為の
参考にして
もらうもの
なんだよん

みなさん

ここまで　木花運命学のお話を聞いていただき
ありがとうございます

木花運命学は
別名　記号式四柱推命学です

あなたの授かった　生年月日　から
五つの箱を作り
十種類の記号の星の中から

あなたに選ばれた星を見つけ出し
あなたの星が　どの色なのか
　どの形なのか
　いくつ数があるのか
　どの位置にあるのか
を確かめることによって
あなたの個性を示すものです

木花運命学があなたのヒントになりますように……

おわりに

人は
人それぞれに違っています

私達が生まれ持った個性は
人によって違いがあります

しかし
この人は良い個性を持っていて
この人は悪い個性を持っているということはありません

みんな違っていて
みんないいのです

他人の持っているものを
自分は持っていないとうらやむ必要はありません
みんな平等に
持っているものと　持っていないものがあります

誰でも
足りないところや　苦手なことがあります

だから
それぞれの役割があり
お互い　助け合いがあるのです

そして
みんな平等に
持っているものと　持っていないものがあるということを
知ることで
お互い　より許し合い
お互い　より認め合って
生きていけるのです

わたしから
あなたへのメッセージ

あなたらしく…
わたしらしく…

この言葉は
同じ時代（とき）に
この地に生まれ　生かされている
あなたの存在を　よろこび
私の存在を　よろこびとする言葉です

ここまで読んでくださった
あなたへ

この本では　それぞれの人の生年月日から
導き出される個性について　生まれ持った五つの箱と
その中に入る星について　お話をしてきました
自分の個性を知ると　考え方や行動を
プラス方向に使っていくことができ
知った後は　知る前より　人生がより豊かに
変わっていきます
ぜひ　あなたの個性を
　　　あなたの星を　知って下さい

あなたの星を知っていただくための
ご案内

木花運命学は　わたくし　木花咲耶子が
約 30 年間約 2 万 5 千人の方々の運命鑑定を
させて頂いた経験から生み出した　独自の統計学です
あなたの星は　木花運命学＝記号式四柱推命学
によって　木花運命学研究所で個性鑑定をさせて頂き
あなたの個性カード（木花運命学研究所認証カード）を
制作してお届け致します

もっと詳しく知りたい方は　こちらで

ブログ
木花咲耶子の運命カウンセリング
https://officeharu.hatenablog.com/

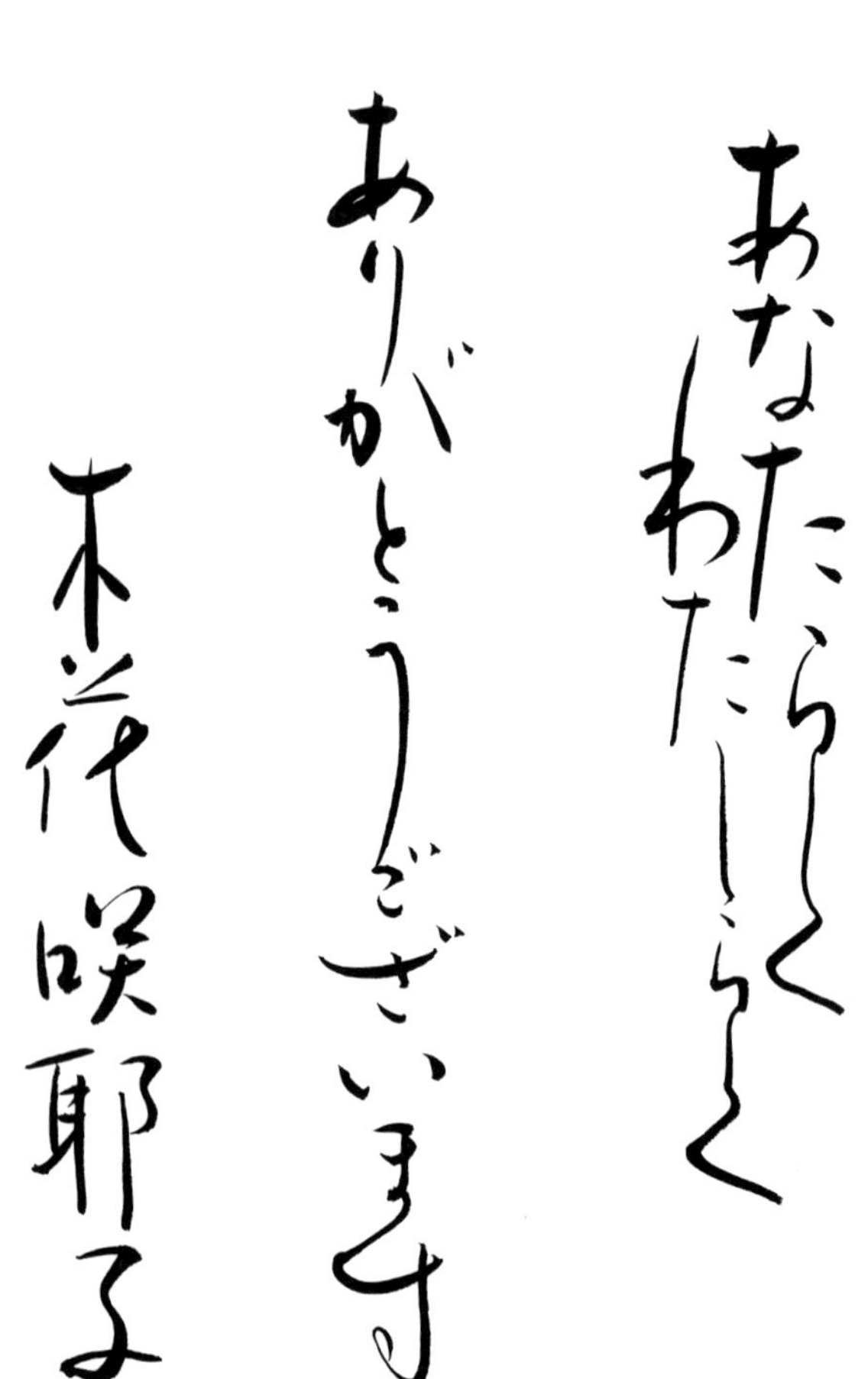
あなたらしく
わたしらしく
ありがとうございます
木花咲耶子

（占名）木花咲耶子（きはなさやこ）は、「潔いお伝えをして皆様のお役に立ちたい」という志から、日本神話の女神様の御名より命名させていただきました。

（木花咲耶姫（コノハナサクヤヒメ））

（連絡先）

木花運命学研究所　事務所

三重県四日市市中浜田町 5-22-8F

TEL/FAX　059-352-1643

運命カウンセリング　*K*（木花）・*Y*（四日市）　*Room*（ルーム）

ララスクエア鑑定所

三重県四日市市安島町 1-3-31 ララスクエア 4F

TEL/FAX　059-356-5557

ウェブサイト

http://office-haru.info/

はてなブログ

https://officeharu.hatenablog.com/

（「木花咲耶子の運命カウンセリング」で検索）

［著者紹介］

木花咲耶子（きはな　さやこ）

木花運命学研究所　代表

岐阜女子大学文学部国文学科卒

独自の運命学により　現在まで約30年間

約2万5千人の運命鑑定・ご相談に応じている

また　運命学の講義・セミナー・講演

執筆活動・運命鑑定士の育成にも携わっている

幼い頃から書を学び　書家　晴舟（せいしゅう）として

芸術活動　書道教室での指導を行っている

ことばと書の作家　前川　晴（まえがわ　はる）としての

個展「晴展」を定期的に各地で開催し

やわらかく親しみやすい作品に多くのファンを持つ

(著書)

ようこそ真［ほんとう］の幸［しあわ］せへ（2009）今日の話題社

しあわせはじぶんの心がきめるもの（2007）今日の話題社

木花咲耶子の運命学　私が運命を鑑［み］る理由（2016）今日の話題社

木花咲耶子(きはなさやこ)の運命学　あなたらしく…わたしらしく…

2019年2月28日　初版発行

著　　者　木花咲耶子（きはな・さやこ）

装　　幀
イラスト　真屋野翠子（まやの・みどりこ）

発行者　高橋　秀和
発行所　今日(こんにち)の話題社(わだいしゃ)
東京都品川区平塚2-1-16 KKビル5F
TEL 03-3782-5231　FAX 03-3785-0882

印刷・製本　ヤマダスピード製版

ISBN978-4-87565-644-9　C0092